BEI GRIN MACHT SICH I... WISSEN BEZAHLT

Bibliografische Information der Deutschen Nationalbibliothek:

Die Deutsche Bibliothek verzeichnet diese Publikation in der Deutschen National-
bibliografie; detaillierte bibliografische Daten sind im Internet über http://dnb.d-
nb.de/ abrufbar.

Impressum:

Copyright © 2008 GRIN Verlag, Open Publishing GmbH
Druck und Bindung: Books on Demand GmbH, Norderstedt Germany
ISBN: 9783640559923

Dieses Buch bei GRIN:

http://www.grin.com/de/e-book/145711/herausforderungen-bei-der-einfuehrung-
serviceorientierter-architekturen

Daniel Scheiner

Herausforderungen bei der Einführung serviceorientierter Architekturen

GRIN Verlag

GRIN - Your knowledge has value

Der GRIN Verlag publiziert seit 1998 wissenschaftliche Arbeiten von Studenten, Hochschullehrern und anderen Akademikern als eBook und gedrucktes Buch. Die Verlagswebsite www.grin.com ist die ideale Plattform zur Veröffentlichung von Hausarbeiten, Abschlussarbeiten, wissenschaftlichen Aufsätzen, Dissertationen und Fachbüchern.

Besuchen Sie uns im Internet:

http://www.grin.com/

http://www.facebook.com/grincom

http://www.twitter.com/grin_com

SEMINARARBEIT

Vorgelegt an der Fachhochschule Würzburg
im Schwerpunkt Business Technologies
der Fakultät Informatik / Wirtschaftsinformatik

von
Daniel Scheiner

am 06. Mai 2008

Thema:
Herausforderungen bei der Einführung serviceorientierter Architekturen

Inhaltsverzeichnis

1 Einleitung / Abgrenzung

Die Herausforderung bei der Einführung serviceorientierter Architekturen (SOA) ist die erfolgreiche Implementation einer stabilen und effizienten SOA zur Realisierung der geforderten Fähigkeiten und Vorteile mit einem vertretbaren Aufwand. Die einzelnen Herausforderungen umfassen dabei alle Faktoren, auf die für eine erfolgreiche SOA-Einführung geachtet werden muss.

In dieser Arbeit werden einige der wichtigsten Herausforderungen in die Phasen Analyse, Entwurf und Implementierung eingegliedert und zusammen mit den erfolgskritischen Faktoren erläutert und präsentiert. Zum Verständnis dieser Arbeit werden informationstechnische und wirtschaftswissenschaftliche Grundkenntnisse, sowie ein grundlegendes Verständnis von Software-Engineering angenommen.

Um den vorgegebenen Rahmen dieser Arbeit zu gewährleisten, wird der Aufbau einer SOA Governance als Teil der Analyse- und Entwurfsphase nicht besprochen und erst die Umsetzung in der Implementierungsphase näher betrachtet. Zudem werden die Bereiche Business Network Transformation (BNT) und Enterprise Service Bus (ESB) als eigenständige Elemente nicht näher ausgeführt. Aufgrund der o.g. Annahme wird durchgehend auf technische Details und Erklärungen verzichtet.

2 SOA - Service-orientierte Architektur

Dieses Kapitel bietet eine allgemein gehaltene Definition des SOA-Ansatzes und zeigt Gründe auf, welche für einen Umstieg von einer monolithischen hin zu einer serviceorientierten Architektur sprechen.

2.1 Der SOA-Ansatz

SOA bezeichnet weder eine Technologie noch ein konkretes Produkt.[1] SOA ist ein Konzept.[2]

Gartner, oft als Erfinder von SOA proklamiert, definiert SOA als eine Software-Architektur, die mit einer Interface-Definition beginnt und die gesamte Anwendungstopologie als ein Netz aus Schnittstellen, Schnittstellen-Implementierungen und Interface-Aufrufen aufbaut. So wird SOA als ein Verhältnis von Dienstleistungen und Dienstleistungskonsumenten betrachtet. Diese Dienstleistungen (Services) sind Software-Module, die eine komplette Geschäftsfunktion repräsentieren und über eine Schnittstelle mit ihrem Namen adressiert werden. Service-Konsumenten sind Software mit einem eingebetteten Service Interface Proxy (die Client-Representation der Schnittstelle). Web-Services bezeichnen allgemein gehalten Software-Module, welche die Standards Web Services Description Language (WSDL), Simple Object Access Protocol (SOAP) oder Universal Description, Discovery and Integration (UDDI) verwenden.[3]

Vereinfacht ausgedrückt werden bei einer SOA-Einführung die Funktionen bestehender Anwendungen auf ihren Beitrag zu bestimmten Geschäftsprozessen hin analysiert und als verteilte, einen Teil eines Geschäftsprozesses abbildende Services strukturiert. Die Services bieten ihre Funktionen über Schnittstellen an, wodurch Funktionsaufrufe ohne Kenntnis der verschiedenen, internen Implementierungsarten möglich sind. Die Services sind wiederverwendbar und können für unterschiedliche Geschäftsprozesse flexibel miteinander kombiniert, ausgetauscht und rekalibriert werden. Die Grundidee hinter dem Ansatz, Services anstelle von Applikationen zu verwenden, ist die Sicht auf Legacy-Systeme als integralen Bestandteil eines

---

1 vgl. Kückes, Tünschel (Aufruf 20.04.2008), Seite 2.
2 vgl. Marks, Bell (2006), Seite 1
3 vgl. Natis (2003), Seite 3.

neuen oder erweiterten Systems, was u.a. zu Kostenersparnissen und einer verbesserten Flexibilität führen kann.

2.2 Beweggründe für eine SOA

Der Geschäftserfolg vieler Unternehmen hängt angesichts der Globalisierung der Märkte und einer steigenden Zahl immer vergleichbarer werdender Produkte, zunehmend von der Fähigkeit ab, sich schneller an veränderte Marktsituationen und Kundenansprüche anpassen zu können.[4] Agilität und Innovationskraft zählen damit zu den erfolgskritischen Fähigkeiten eines Unternehmens. Obwohl ein Großteil der heutigen Geschäftsprozesse ohne IT-Unterstützung nicht sinnvoll wären, so sind viele historisch gewachsene Anwendungssysteme den aktuellen Herausforderungen nicht gewachsen.[5] Als Gründe sind von monetärer Seite die Kosten der Anpassung bestehender IT-Systeme und die steigenden Kosten für die Entwicklung und Pflege von Anwendungen aufgrund des hohen Personalaufwands zu nennen. Die zunehmende Größe und Komplexität der Produkte, Anwendungen und Geschäfts-Netzwerke (Business Networks) sind weitere Gründe weshalb die bisher gängigen, monolithischen Ansätze und Lösungen im Hinblick auf Anpassungs-geschwindigkeit und -aufwand, zwangsläufig sowohl an ihre ökonomischen als auch an ihre technischen Leistungsgrenzen stoßen.

Der SOA-Ansatz ermöglicht es, die benötigte Wandlungsfähigkeit, Integrität und Produktivität der Unternehmens-IT zu steigern und verstärkt damit deren Zukunftssicherheit. Der Anschluss des eigenen Unternehmens an globale Netzwerke sowie die Flexibilisierung und Neuausrichtung der eigenen IT Infrastruktur - auch an bestehende Geschäfts-Netzwerke - gewinnt gleichermaßen an Bedeutung. Diese Netzwerke können dann genutzt werden, um Ressourcen und Know-How für gemeinsame Entwicklungen zu bündeln, Produktinnovationen zu beschleunigen und somit Kosten- und Wettbewerbsvorteile zu erzielen. Diese sogenannte Business Network Transformation (BNT) beruht auf SOA als notwendige architektonische Voraussetzung.[6] Die potentiellen Kosteneinsparungen einer SOA hängen dabei von zwei Faktoren ab: der Wiederverwendbarkeit der Services und das optimierte Potential der dahinter liegenden Geschäftsprozesse durch höhere Automatisierung, bessere Prozessorientierung und strategischer Ausrichtung der Geschäftsbeziehungen.

Die erfolgreiche Einführung einer SOA wird damit zu einem sehr attraktiven, mitunter notwendigen Projekt um die Konkurrenzfähigkeit bzw. den Geschäftserfolg zu sichern und ein Unternehmen zukunftssicher und flexibel aufzustellen.

3 Herausforderungen bei der Einführung serviceorientierter Architekturen

In Kapitel 2 wurden eine allgemein gehaltene Definition des SOA-Ansatzes geboten und Gründe aufgezeigt welche für einen Umstieg von einer monolithischen hin zu einer serviceorientierten Architektur sprechen. In diesem Kapitel werden die Herausforderungen bei der Einführung einer SOA durch die Ableitung einiger der wichtigsten, erfolgskritischen Kernpunkte in den Phasen Analyse, Entwurf und Implementierung erklärt und Empfehlungen ausgesprochen um diese zu bestehen.

---

4 vgl. SOA Know-How 1
5 vgl. Baer (2007), Seite 3.
6 Absatz vgl. Rede Henning Kagermann (18.10.2007), SAP TechEd, München

3.1 Analyse

Die Analysephase steht im Umfeld des Software Engineering bei jeder Entwicklung, Auswahl oder Einführung von Software, einer neuen Architektur oder Hardware am Anfang dessen Lebenszyklus.

3.1.1 SOA-Awareness, und -Readiness

Eine SOA einzuführen ist nicht in jedem Fall vorteilhaft. Die Entscheidung, ob eine SOA für ein Unternehmen sinnvoll ist, verlangt nach einer Identifikation der Chancen und Herausforderung. Die SOA-Awareness bezeichnet den Bekanntheitsgrad und damit die Menge und Qualität von Informationen, Kommunikation sowie das bestehende oder noch auszubildende Know-How innerhalb des Unternehmens. Die SOA-Readiness ermittelt und bewertet die Voraussetzungen für die Einführung oder Weiterentwicklung einer SOA in einem Unternehmen.[7]

Der Grad der SOA Bereitschaft wird üblicherweise durch Assessments ermittelt, welche in allen potentiell involvierten Unternehmensbereichen durchgeführt werden. Davon abgesehen kann der Reifegrad eines Unternehmens für eine SOA-Einführung auch anhand eines SOA Maturity Modells festgestellt werden. Dieses Modell dient der Klassifizierung der SOA Readiness. „Das SOA Maturity Model definiert nicht nur die Ziele, den Umfang, die empfohlenen Maßnahmen und die geschäftlichen Vorteile auf den einzelnen Stufen, sondern beinhaltet auch wichtige Industriestandards, wesentliche Methoden sowie entscheidende (sowohl technische als auch organisatorische) Erfolgsfaktoren."[8] Für weitere Informationen zum SOA Maturity Model wird an dieser Stelle auf das Whitepaper von Progress Software verwiesen.

Die erste große Herausforderung ist somit die Feststellung des eigenen Reifegrades zur Klärung der Frage, ob und wie eine SOA eingeführt bzw. erweitert werden soll. Die zweite Herausforderung ist die Beachtung einiger wichtiger Kriterien:[9]

- Management Support
- Transparenz und Kommunikation
- Change Managements
- Prozessverständnis
- Technologieverständnis
- Nutzenverständnis

Das erste Kriterium ist die Unterstützung von Seiten des (Top-)Managements. Da im Rahmen einer SOA-Einführung nicht nur technologische Umstellungen erforderlich sind, muss die Geschäftsleitung den SOA-Ansatz, den Umfang der notwendigen organisatorischen und technischen Anpassungen sowie die Notwendigkeit der Analyse und Optimierung der Geschäftsprozesse verstehen und unterstützen. Versäumt das Management, sich in die SOA-Einführung und die einzelnen Projekte einzubinden und eine klare Vision vorzugeben, so kann auch keine Akzeptanz gegenüber dieser Neuerung von Seiten der Mitarbeiter aufgebaut werden.

Dies führt zu einem zweiten Kriterium - der Kommunikation. Eine erfolgreiche unternehmensweite Änderung setzt eine konsistente und transparente Kommunikation voraus. SOA muss als integraler Bestandteil der Unternehmensstrategie erkennbar sein und als solcher kommuniziert werden. Es ist empfehlenswert,

---

7   vgl. Marks, Bell (2006), Seite 97
8   ebd., Seite 5
9   vgl. SOA Know-How 2

Verantwortungsbereiche klar zu definieren und Ansprechpartnern zu ernennen und kommunizieren. Im Rahmen des Change Management erweitert sich dieser Punkt auf die innerbetriebliche Kommunikation sowie Schulungen. Die Implementierungstiefe einer SOA erfordert eine umfassende Information und rechtzeitige Schulungen der Mitarbeiter. Es sollten mindestens die Gründe der Einführung, der erwartete Nutzen und der aktuelle Fortschritt kommuniziert werden. Einer der wichtigsten Punkte ist auch die Klärung von Fehlvorstellungen und Fragen, welche aufgrund der bisherigen geschäftlichen Organisation aufkommen können, wie z.B.: „Wem gehören die Services?" oder „Wer bezahlt für die anfängliche Entwicklung de Services?" SOA benötigt damit auch Änderungen im organisatorischen Denken und in den unternehmerischen Gewohnheiten der Mitarbeiter und Abteilungen, die identifiziert, kommuniziert und umgesetzt werden müssen Organisatorische Anpassungen wie die Dezentralisierung von SOA Know-How und das Einsetzen vor Ansprechpartnern gehen damit einher.

Der letzte Kriterium ist ein Prozess-, Technologie- und Nutzenverständnis, um eine SOA-Einführung effektiv umsetzen zu können. Aufgrund der Prozessorientierung und Art einer SOA sind sowohl Kenntnisse de Prozesse als auch ein fundiertes Wissen über die zugrunde liegende technologische Basis notwendig. Ein fundiertes Nutzenverständnis ist dabei für eine überzeugende Präsentation der Vorteile und des Verbesserungspotentials notwendig.

3.1.2 Projektmanagement

Nach der Ermittlung des Reifegrades und dem Identifizieren und Kontrollieren der wichtigsten Kriterien, kann mit dem Projektmanagement begonnen werden. Im Rahmen einer SOA-Einführung bieten sich zwei verschiedene Projektansätze an: „Top-Down" oder „Bottom-Up".

Der Top-Down-Ansatz wird auch als strategischer und der Bottom-Up-Ansatz als taktischer Ansatz bezeichnet.[10] Strategie bezieht sich auf ein übergeordnetes Ziel, Taktik auf kurz- oder mittelfristige Ziele.

Der Top-Down-Ansatz kann daher als „Big Bang" angesehen werden, was sich auf eine vollständige und unmittelbare Umstellung der Anwendungen und Systeme eines Unternehmens auf eine SOA bezieht. Die Geschäftsprozesse werden hier vollständig analysiert, modelliert und aufgeschlüsselt in Services auf Basis einer SOA-Plattform implementiert. Die Nachteile sind deutlich höhere Initialkosten, eventuelle Reibungsverluste, ein niedrigerer Return-On-Investment (ROI), längere Projektlaufzeiten, ein höheres Risiko und geringere Lerneffekte. Diese Faktoren sind abhängig von der größeren Anzahl und Komplexität de Prozesse und Services bei diesem Ansatz sowie dem Grad der Anpassung der Organisation an die neuer Anforderungen.

„Der Bottom-up-Ansatz besteht in der punktuellen, iterativ geplanten Überführung bestehende Anwendungskomponenten in neue Services."[11] Einfach ausgedrückt werden zunächst bestehende Funktionalitäten durch Web-Service Schnittstellen angereichert und somit als neue Dienste zur Verfügung gestellt. Man beginnt mit der Implementierung relativ einfacher Geschäftsszenarien und setzt die SOA iterativ sukzessive im Unternehmen um. Damit können bereits kleinere Erfolge und ein früherer ROI einhergehend mit einer zügigeren Amortisierung realisiert werden. Daher kann auch von einer effektiveren Lernphase aus gegangen werden. Der parallele Aufbau der technischen Umgebung, des personellen Know-How und de organisatorischen Strukturen begünstigt diese Unterscheidungsmerkmale.

---

10 vgl. Rogers (2007), Seite 45
11 SOA Know-How 4

u verstehen, welcher Ansatz in einem Unternehmen zum Erfolg führen kann und diese Wahl zu rgumentieren und durchzusetzen, ist nach der SOA-Awareness und -Readiness die nächste größere Herausforderung der Analysephase. Vor allem Mittelständische Unternehmen sollten auf Grund der bisher rarbeiteten Erkenntnisse dem Bottom-Up-Ansatz den Vorzug geben. „Da sich die Ausrichtung von SOA rundsätzlich an den Geschäftsprozessen und deren Logik orientiert, sind die organisatorischen Anforderungen von SOA in der Wertschöpfungskette die Anforderungen des normalen Geschäftsablaufs."[12] Damit haben selbst größere Unternehmen durch den Bottom-Up-Ansatz im Bezug auf ihr Business-Netzwerk ei der Umsetzung einer SOA Vorteile.

3.1.3 Auswirkungen auf die Value Chain

Bei einer Umstellung diesen Ausmaßes ist ein bedeutender Kernpunkt die Integration der Kooperationspartner, Lieferanten und Kunden. Eine unternehmensübergreifende SOA stellt an sich keine Revolution für die Wertschöpfungskette dar. Tatsächlich ist der Einstieg technisch und vom Aufwand her deutlich „einfacher und exibler als bei der klassischen Integration entlang der Wertschöpfungskette"[13].

Sobald eine SOA jedoch mehrere Geschäftspartner verbinden soll, müssen Standards für die Datenkommunikation vereinbart werden. Die Standards für die technische Umsetzung einer SOA stellen die Web-Services-Aktivitäten des World Wide Web Consortium (W3C), welche sich u.a. aus SOAP, WSDL und UDDI zusammensetzen. Darüber hinaus ist die Einführung von anerkannten, standardisierten Daten- und Prozessmodellen eine wichtige Voraussetzung für eine unternehmensübergreifende SOA-Einführung. Die damit geschaffene Möglichkeit von Benchmarks ist eine Prämisse für die Durchführung von Prozessevaluierung und -verbesserungen.[14]

Auf diese unternehmerische „High-Level" Sichtweise von Geschäfts-Netzwerken geht die Business Network Transformation (BNT) ein. Dieser Ausdruck steht für den bereits angesprochenen Prozess, bei dem Unternehmen mit Partnern und Kunden nicht nur zur Wettbewerbsdifferenzierung zusammenarbeiten, sondern um ihre Effizienz zu verbessern, innovative Lösungen zu entwickeln und nicht zuletzt um Wettbewerbsvorteile u erlangen. Weiterführende Informationen zu BNT bietet bspw. die SAP Homepage.

Die größte Herausforderung an dieser Stelle ist es, eine globale Prozess-Sicht und -Denkweise über alle Bereiche der Value Chain hinweg zu behalten und die Beachtung der Standards sicher zu stellen. Weitere Kernpunkte und Anforderungen bei der Einführung einer SOA im unternehmensübergreifenden und globalen Umfeld sind dem Bereich BNT zuzuordnen, auf den hiermit verwiesen wird.

3.2 Entwurf

Die Entwurfsphase legt auf Basis der Anforderungen die innere Struktur des Softwaresystems, d.h. die Architektur, die Services und die Schnittstellen zwischen den verschiedenen Komponenten der Architektur est. Das Ergebnis dieser Phase ist eine Spezifikation. Dieses Kapitel stellt die entscheidenden Elemente der Architektur, die Identifikation und Definition von Services sowie den Sicherheitsaspekt vor.

---

2 SOA-Know-How 3
3 ebd.
4 Absatz vgl. ebd.

3.2.1 Architektur

Bei der Einführung einer SOA stellt sich nach der Analysephase die Frage nach einem geeigneten Anbieter oder einer offenen, bzw. selbst entwickelten Lösung für eine SOA-Plattform. Ohne auf individuelle Anbieter und die Schwierigkeiten bei der Auswahl und den Unterscheidungsmerkmalen einzugehen, werden in folgenden zwei wesentlichen Komponenten einer geeigneten Plattform dargestellt:

Neben den bereits bekannten Begriffen Dienst und Dienstkonsument ist der Verzeichnisdienst, das sog. Repository von entscheidender Bedeutung. Das Repository stellt alle Informationen bereit, die zum Auffinden und zur Nutzung eines bestimmten Services notwendig sind. In komplexen oder größeren SOA empfiehlt es sich aufgrund der Menge an Services diese nicht direkt miteinander, sondern über einen Enterprise Service Bus (ESB) kommunizieren zu lassen. Ein Service Bus ist eine multidirektionale Datenverbindung, die mehrere Informationsquellen (Sender) mit Senken (Empfängern) verbindet.[15] Ein ESB hat somit die Hauptaufgabe, die möglichst flexible Interoperabilität verschiedener Teilnehmer einer SOA zu gewährleisten. In der Praxis sollte ein ESB daher einige grundlegende Eigenschaften erfüllen. Dazu gehören eine Transformationsfunktion, Protokollunabhängigkeit und intelligentes Routing.[16] Mit Transformation ist eine Funktion gemeint, die unterschiedliche Datentypen und Austauschformate übersetzten kann. Die Protokollunabhängigkeit ist eine Anforderung bezüglich der plattformübergreifenden Nutzung eines ESB und intelligentes Routing bezieht sich auf ein konfigurierbares Routing auf Basis der Inhalte, ggf. mit dynamischer Auswahl eines geeigneten Services (etwa über UDDI).[17]

Diese zwei Architekturkomponenten sind für eine zukunftssichere SOA essentiell und sollten daher bei der Auswahl einer SOA-Plattform – egal von welchem Anbieter – vorhanden sein und die Qualität der Implementierung beachtet werden.

3.2.2 Identifizieren und Definieren der Services

Die Signifikanz von Services in einer SOA ist nach der Erklärung in Kapitel 2.1 offensichtlich. Damit kann von der Qualität der Services als ein entscheidender Faktor für den Erfolg einer SOA ausgegangen werden. Vergleichbar mit Methoden des Business Process Management (BPM) für die Optimierung von Geschäftsprozessen gibt es derzeit allerdings keine allgemeingültige Vorgehensweise oder Methode, welche auf die Identifikation von relevanten Services und deren Definition angewandt werden kann. Es gilt daher als „Best Practice", ein SOA-Kompetenz-Team zu bilden und mit dieser Aufgabe zu betrauen. In diesem Team empfiehlt sich die Bündelung von Prozesskenntnissen und Technologieverständnis mit einer genauen Vorstellung über die Unternehmensstrategie und -ausrichtung.

Laut einer Aussage von Gartner wird sich BPM Anfang 2007 zu dem größten Treiber von SOA entwickeln. Eine Ableitung von Services aus Ergebnissen des BPM kann jedoch nicht als sinnvoll erachtet werden, da BPM prozedurale Schritte aus einer Prozesssichtweise liefert. Ein Service kann als ein Mechanismus verstanden werden, der den Zugang zu einer oder mehreren Funktionen eröffnet. So ist es zwar möglich, dass ein Service ein einzelner Schritt ist, jedoch ist es unwahrscheinlich, dass ein Service genau die Funktionen eines Schrittes abbildet. Eine Umsetzung dieser Schritte in Services kann somit keine optimalen Services liefern. Die Aussage von Gartner sollte daher vor der Aussage betrachtet werden, dass die Technik für ein

---

15 vgl. Dostal et al.(2005), S.20; Krafzig et al.(2005), S.159ff
16 Absatz vgl. Urbahns (2007), S. 40
17 vgl. Degenring (2005), S.16
18 Sinur, Hill (2006)

Konvergenz von BPM und SOA bis zum Jahr 2010 wahrscheinlich noch nicht völlig ausgereift sein wird. Sinnvoll ist es jedoch, sich schon jetzt mit einer „Prozessarchitektur" zu beschäftigen.[19]

So betrachtet hängt die Identifizierung von Services und damit die Möglichkeit neue Lösungen zu entwerfen stark von der effektiven Organisation eines Unternehmens ab. Daraus kann die Empfehlung abgeleitet werden, die Prozesse eines Unternehmens mit Hilfe von BPM an der jeweiligen Unternehmens-Strategie auszurichten und zu optimieren. Die so geschaffenen und dokumentierten Prozesse und Prozessketten können dann von dem SOA-Kompetenz-Team für die Identifikation relevanter Services analysiert werden.

Nach der Identifikation müssen Services definiert und dokumentiert werden. Ein wichtiger Faktor für die Definition von Services ist der Einsatz eines Service Design Models. Darin werden Vorschriften über die Beschreibung von Services und über die Abbildung von Geschäftsprozessen in Services definiert, um Interoperabilität, Wiederverwendbarkeit und Integration über alle Geschäftsprozesse hinweg zu sichern.[20] Derart identifizierte und definierte Services sind die Grundlage einer erfolgreichen SOA mit hohem ROI und die eines erfolgreichen Unternehmens.

3.2.3 Sicherheit

Sicherheit ist ein zentraler Aspekt einer SOA. Im Bereich des Collaborative Business oder wenn Services unternehmensübergreifend oder öffentlich bzw. global angeboten werden, ist dieser Punkt essentiell. Tatsächlich muss Sicherheit für SOA nicht neu erfunden werden, sondern „lediglich" die bei jeder IT-Lösung typischen Sicherheitsaspekte wie Kapselung, Signatur, Kryptographie, Authentisierung, Policies, Identitätenverwaltung, etc. SOA-spezifisch geprägt werden. Hierbei können Sicherheitsfunktionen u.a. auch als Services realisiert werden.[21]

Aufgrund der Komplexität dieser Thematik sei für weitere Informationen z.b. auf das frei verfügbare Buch von IBM „Understanding SOA Security Design and Implementation"[22] verwiesen.

Es ist empfehlenswert, bei der Implementierung einer SOA die Sicherheitsaspekte bereits zu Beginn in allen Projektphasen zu beachten. Falls diese erst im Nachhinein in eine fortgeschrittene Lösung eingesetzt werden sollen, so kann eine Designänderung notwendig werden, die in der gegebenen Zeit weder probat und wirtschaftlich umgesetzt, noch ausreichend getestet werden kann. Die damit entstehenden Kosten und Probleme gilt es daher durch eine Einbeziehung sicherheitsrelevanter Elemente von Anfang an zu vermeiden.

3.3 Implementierung

Die Implementierung ist die Umsetzung der in der Entwurfsphase erarbeiteten Spezifikation unter Berücksichtigung der analysierten Rahmenbedingungen und vorgegebenen Ziele. Diese Phase umfasst nach den bisherigen Vorbereitungen die eigentliche Einführung der SOA in das Unternehmen.

3.3.1 Proof-of-Concept

Selbst nach ausgiebigen Analysen und durchdachten Entwürfen können nicht alle Bedenken gegenüber der Einführung einer SOA ausgeräumt werden. Tatsächlich reichen theoretische Betrachtungen allein nicht aus,

---

19 Absatz vgl. Malinverno, Hill (2007)
20 vgl. Marks, Bell (2006) S.128
21 vgl. Schoof (2007)
22 Buecker et al.(2007)

um festzustellen, wie gut sich eine SOA mit bestehenden Legacy-Anwendungen und Systemen versteht und welche die beste Strategie ist, um SOA-Konzepte im Unternehmen nutzbringend einzusetzen.[23] Als Lösung dieser Thematik bietet sich ein Proof-of-Concept, d.h. eine Machbarkeitsstudie an:

Durch eine begrenzte SOA-Einführung im Rahmen eines Pilotprojekts können entscheidende Erfahrungen gewonnen werden, welche für eine weitergehende Einführung maßgeblich sein können. Stellt sich innerhalb dieser Stufe heraus, dass der Nutzen einer SOA keine oder nur eine begrenzte Einführung rechtfertigt, so stehen einem erheblichen Gewinn an Erfahrung und Erkenntnissen hinsichtlich bestehender Unternehmens-strukturen und neuer Denkweisen durchaus überschaubare Aufwände gegenüber.[24]

3.3.2 SOA-Governance

Laut einer Studie des Analysten Gartner ist eine Governance für SOA-Projekte keine Option, sondern zwingend erforderlich. Je größer und komplexer eine SOA ist, desto mehr muss in die Steuerung, Planung und Kontrolle von Rollen und Richtlinien investiert werden. Obwohl die Etablierung einer SOA-Governance langwierig und schwierig ist und trotz der Schwierigkeiten, diese durchzusetzen ist jedes SOA Projekt ohne derartige Steuerungsmechanismen bereits zum Zeitpunkt des Pilotprojekts zum Scheitern verurteilt.[25] Der Grund hierfür ist, dass sich ohne eine Koordination der notwendigen Ressourcen fachliche und technische Kompetenzen öfter und stärker überschneiden können und deshalb eine effiziente Auslastung dieser und der technischen Ressourcen kaum erreichbar ist.

SOA-Governance ist eine Erweiterung der aus der Corporate- und IT-Governance bekannten Prozesse um SOA-spezifische Aspekte und umfasst damit 'high-level' Prozesse und Aktivitäten, wie die Definition und Verteilung von Rollen und Verantwortlichkeiten in einer SOA, die Definition und Umsetzung von Policies (Regeln) um die Konformität mit den SOA-Zielen, -Standards und Objectives zu sichern sowie die Entwicklung eines Finanzierungsmodells.[26] Weitere Elemente der SOA-Governance sind die Implementierung des Governance-Prozesses an sich, die Steuerung der Definition, Erstellung und Veröffentlichung von Services sowie die Einführung von Regeln und Prozessen zur Sicherung der Qualität von Services und dem Management von Service Level Agreements (SLA).[27]

Diese Auflistung sollte ausreichen, um die Komplexität und weitreichenden Implikationen von SOA Governance darzustellen. Nachdem die Einführung einer SOA Governance damit als kritischer Erfolgsfaktor für eine SOA nachvollziehbar ist, kann für weiterführende Informationen diesbezüglich auf Quellen mehrere Unternehmen verwiesen werden, welche Dienstleistungen, Modelle und Software für den SOA Bereich anbieten. Hierzu gehören u.a. kostenlose Whitepaper und Artikel von SAP, Oracle oder IBM.

Vereinfacht zusammengefasst zielt SOA Governance mit verschiedenen Steuerungs- und Kontrollmaßnahmen vor allem auf eine konsequente Ausrichtung der Services und Geschäftsprozesse auf die Unternehmensstrategie ab. Obwohl die Einordnung dieses Themas in der Implementierungsphase vorgenommen wurde, müssen bereits in den Phasen Analyse und Entwurf organisatorische Regeln und Richtlinien definiert werden, um schließlich in der aktuellen Phase wirksam durchgesetzt, kontrolliert und gesteuert werden zu können.

---

23 vgl. Kückes, Tünschel (Aufruf 20.04.2008) S.6
24 Absatz vgl. Kückes, Tünschel (Aufruf 20.04.2008), S.6
25 Absatz vgl. Malinverno (2006)
26 vgl. Marks, Bell (2006) S. 252
27 vgl. Marks, Bell (2006) S. 253

Als Voraussetzung für den Erfolg einer SOA Governance und damit für den Erfolg einer SOA, sollte auf ein adäquates Finanzierungsmodell, durchgehende Unterstützung aus Fachbereichen und von Seiten der IT sowie die Bereitstellung dedizierter Ressourcen für die Durchführung der Governance-Aktivitäten geachtet werden.

4 Fazit und Ausblick

Die Einführung einer serviceorientierten Architektur stellt viele Herausforderungen. Es sind neben der rein technischen Umsetzung sowohl eine Veränderung organisatorischer Strukturen und Gewohnheiten als auch weitreichende Fortbildungen notwendig. In dieser Arbeit wurden die aktuell als kritisch gehandelten Elemente und Faktoren einer erfolgreichen SOA-Einführung in die entsprechenden Phasen eingegliedert und deren Notwendigkeit beziehungsweise Signifikanz erklärt. Aus den besprochenen Herausforderungen kann das Fazit gezogen werden, dass eine erfolgreiche technische Realisierung einer SOA bei Beachtung und Einbau der angesprochenen Faktoren und Elemente vergleichsweise problemlos umsetzbar ist. Die letzte große Herausforderung bei der Einführung einer SOA bleibt daher der Mensch. Werden die Notwendigkeit und die (persönlichen) Vorteile einer Änderung nicht erkannt und verstanden, so liegt es in der Natur des Menschen in seine alten Angewohnheiten zurück zu fallen. Werden respektive die Vorzüge und Funktionsweise einer SOA nicht ausreichend gut und aussagekräftig über alle Ebenen eines Unternehmens vermittelt, so können die Mitarbeiter in alte Arbeitsweisen und organisatorische Gewohnheiten zurück fallen. Die SOA-Einführung wäre dann gescheitert. Achtet man jedoch mindestens auf die in dieser Arbeit eingegangenen Kernpunkte, so kann eine SOA erfolgreich eingeführt und von den Vorteilen profitiert werden.

Als Ausblick trifft folgendes Zitat nach Meinung des Autors die aktuelle Sachlage am besten:

„Die sich entwickelnde Standardisierung im Bereich des Business Process Management, zusammen mit der zunehmenden Vollständigkeit und Reife von Service-Plattformen, wird die Verbreitung von SOA-Konzepten weiter vorantreiben, ebenso wird der Aufbau flexibler Produktivsysteme unter Einbeziehung von Prozess-Engines und Enterprise Service Bus deutlich vereinfacht. Service-Repositories werden als wichtige Bausteine von Branchenlösungen in größerer Vollständigkeit als heute zur Verfügung stehen und ebenfalls den Aufbau von SOA-Lösungen beschleunigen. Wettbewerbsvorteile entstehen dann vor allem aus besseren Prozessen und einer Umsetzung, welche sich in optimaler Form an diesen Prozessen orientiert."[28]

---

28 Kückes, Tünschel (Aufruf 20.04.2008) S.11

A. Literaturverzeichnis

Baer (2007): Tony Baer, WhitepaperSOA: Building the Roadmap, ZapThink, LLC

Buecker, Ashley, Borrett, Lu, Muppidi, Readshaw (2007): Axel Buecker, Paul Ashley, Martin Borrett, Ming Lu, Sridhar Muppidi, Neil Readshaw, Understanding SOA Security Design and Implementation,IBM Redbook, ISBN 0738486655

Degenring (2005): Arne Degenring, JAVASpektrum Ausgabe 04/2005: Enterprise Service Bus

Dostal, Jeckle, Melzer, Zengler (2005): Wolfgang Dostal, Mario Jeckle, Ingo Melzer, Barbara Zengler: Service-orientierte Architekturen mit Web Services. Konzepte - Standards – Praxis, ISBN: 3827414571

Krafzig, Blanke, Slama (2005): Dirk Krafzig, Karl Banke, Dirk Slama: Enterprise SOA – Service-Oriented Architecture Best Practices, ISBN:0131465759

Kückes, Tünschel (2008): Ansgar Kückes, Lutz Tünschel, Whitepaper: SOA-Einführung – Hürden im Vorfeld, European IT Consultancy EITCO GmbH

Malinverno (2006): Paolo Malinverno, Gartner-Report: Service-Oriented Architecture Craves Governance, G00135396

Malinverno, Hill (2007): Paolo Malinverno, Janelle B. Hill, Gartner-Report: SOA and BPM Are Better Together, G00145586

Marks, Bell (2006): Eric A. Marks, Michael Bell, Executive's Guide to Service-Oriented Architecture, ISBN:0470036141

Natis (2003): Yefim V. Natis, Gartner-Analyse: Service Oriented Architecture Scenario, AV-19-6751

Rogers (2007): Sandra Rogers (IDC), 24x7 Ausgabe 23.05.2007, SOA Freedom

Schoof (2007): Peter Schooff, Podcast: Security as a Service, An Idea Whose Time Has Come: A Discussion With Alert Logic

Sinur, Hill (2006): Jim Sinur, Janelle B. Hill, Gartner-Report: Align BPM and SOA Initiatives Now to Increase Chances of Becoming a Leader by 2010, G00144274

Urbahns (2007): Rainer Urbahns: Anforderungen an Systeme zur Managementunterstützung im Rahmen von Service-orientierten Architekturen, ISBN: 363885485X

SOA Know-How 1 (Aufruf 15.04.2008): Warum SOA? – Nutzen und Notwendigkeit, http://soa-know-how.de/index.php?id=45&tx_bccatsandauthors[catid]=14

SOA Know-How 2 (Aufruf 18.04.2008): Vorbereitung und Planung – SOA Readiness, http://soa-know-how.de/index.php?id=45&tx_bccatsandauthors[catid]=19

SOA Know-How 3 (Aufruf 24.04.2008): Vorbereitung und Planung – Value Chain - Wertschöpfungsketten, http://www.soa-know-how.de/index.php?id=45&tx_bccatsandauthors%5Bcatid%5D=23

SOA Know-How 4 (Aufruf 25.04.2008): Vorbereitung und Planung – Value Chain - Wertschöpfungsketten, http://www.soa-know-how.de/index.php?id=45&tx_bccatsandauthors%5Bcatid%5D=20

B. Abkürzungsverzeichnis

BNT	Business Network Transformation
BPM	Business Process Management
ESB	Enterprise Service Bus
ROI	Return on Investment
SLA	Service Level Agreements
SOA	Service-Oriented Architecture
SOAP	Simple Object Access Protocol
UDDI	Universal Description, Discovery and Integration
W3C	World Wide Web Consortium
WSDL	Web Services Description Language